AF599166

DENISSE ESPAÑOL

SER QUE OLVIDO A DIARIO

DENISSE ESPAÑOL

SER QUE OLVIDO A DIARIO

Introducción
VÍCTOR ANDRÉS DE OLEO

HUERGA & FIERRO editores

Diseño de Colección: Huerga y Fierro

Primera edición: 2025

C/Sebastián Herrera, 9
28012 Madrid-España
Telf.: 91 467 63 61
www.huergayfierro.com
huerga@huergayfierro.com

I.S.B.N.: 979-13-990795-4-8
Depósito Legal: M-17996-2025
Impreso en Romadac Industria del Libro
Impreso en España/Printed and made in Spain

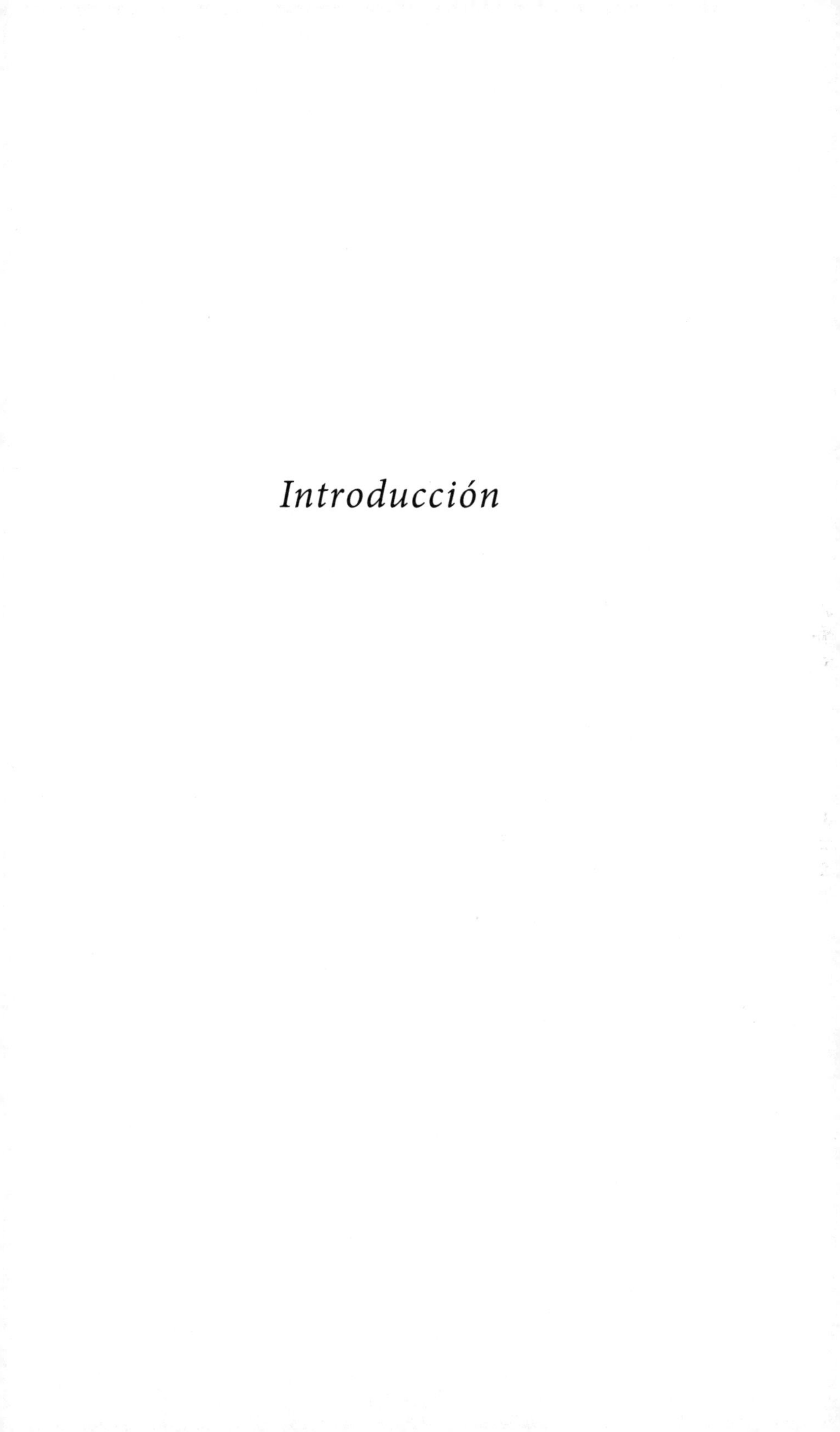

Introducción

La mujer que es mujer

Leer a Denisse Español es exponerse a una caricia que deja a su paso una dulce cicatriz: no duele, pero estremece de maneras que no siempre se logran adivinar. Es una bella catástrofe en la que todo se reconstruye. Desde Una casa en la palma de tu mano *(donde se conjugan la geometría y las estructuras, el cuerpo-mujer y sus motivaciones), cruzando por la* Sinfonía de la sal *(donde vuelven estos tópicos, pero desde una mirada más animal y rebelde, transformadora y decidida), hasta llegar a* Cartemas *(donde Denisse se muestra más plural que nunca, explorándose y desnudándose en cada carta, jugueteando a ser y sentir, a soñar y a crear posibilidades), llegamos aquí, a* Ser que olvido a diario. *Este es el punto de llegada de la trayectoria de la Denisse-mujer-madre-esposa-hija-hermana-amiga-niña-poeta-ser, que ha transitado una metamorfosis: no ha dado a luz un gran insecto sobre la cama, sino a un ave que desgarra el cielo prometido con una belleza inevitable. Por eso, tal vez, este poemario sea un conjunto de poemas que, en realidad, conforman un solo poema épico: el que narra las hazañas y el recorrido de la mujer y su ave por las estaciones del ser, como un símbolo que sintetiza todo lo que han sido Denisse y su poesía a lo largo del camino de la experiencia femenina.*

Tenemos así a una mujer que ya no busca las piezas de una plenitud incompleta, sino que construye cada una desde su propio lugar, desde su propio ser, desde el reconocimiento y la aceptación de una naturaleza que abraza, aunque no sin conflictos, no sin cuestionarse y cuestionar, no sin romper lo que necesita ser roto para luego ser reconstruido. De este modo, la reconciliación con el ser que día a día ha sido olvidado es un renacimiento en el que se descubre como una unidad plural, una identidad de mujer que se sabe muchas otras, que se conjugan y multiplican en todas y cada una de las mujeres de la tierra, como si todas habitaran las alas de una paloma que volará para siempre.

Víctor Andrés De Oleo
La Romana, R.D.
13 de julio de 2025

SER QUE OLVIDO A DIARIO

...capaz de ascender las lomas, quebrar un mástil,
tocar con el índice una estrella,
o llorar por la muerte de un ave.

Lupo Hernández Rueda

I

Abrí los ojos como un grito
vencida por las sábanas
y el dominio de su silencio.

Creo estar despierta.

Por mis dos puertas
transita el universo y su torbellino salvaje.
Las esquinas tiritan al absorber
el nacimiento del nuevo mundo.

Con pasos de asombro
quiebro el hielo forjado por las estrellas.
Me yergo ante la ventana
recibo sus látigos
elevo los brazos como un vaivén de ramas.
Mis hojas incandescentes
se extienden en el vacío.
Mi espalda se urde con alas invisibles
un tiempo hecho de plumas
las atraviesa.

Intuyo el amanecer de una mujer.
Percibo el recorrido de su cintura
como un cordón líquido
el contorno de las caderas a punto de implosión.

Pechos pulsados por la luz
derraman los frutos que saciarán
la sed de las comarcas.

La raíz de mi pubis se amarra al suelo
conquistando el territorio
con su espada de sangre.

II. Primer contacto

La encontré atascada en las grietas.
Tristemente dormida
a punto de morir por primera vez.

En la tierra de mis brazos logró renacer.
Abrió sus círculos perfectos
y germinaron himnos en mi vacío.
Sus plumas recién nacidas hicieron vibrar
el limbo de todas las hojas.

Aquel día se anunció
el primer cruce de sangre
entre una mujer y un ave.

Junto a ese trino inaugural
escapó una frase en idioma de pájaro
comprendida por todo el planeta.

Esta paloma mía muere a diario.
Los diques desvanecen a la par de su aliento.

Mañana
mis lágrimas con la forma de sus alas
se resignificarán en diluvio.

Por eso
aprendí a llorar con cautela
por eso
mis cristales flotan
por el surco de los secretos
que se guardan públicamente.

Respiraré su fugaz realidad
seré los pedazos posibles
luego esperaré a que regrese.

Un doble ser se gesta con el paso del viento.
Ave y mujer
se funden en el pulso
de una misma historia.

III

Con manos desnudas
deambulo por las estaciones.
Busco a una mujer acompañada de un ave
y con mi nombre.

Ser de acero y tiempo
asfalto y océano.

Incorpórea y eterna
florece en el imperio de la soledad.
En el centro de esa palabra (la más triste)
su sombra se revindica como un rayo curvo
del tamaño del todo.

Persigo su inconmensurable perfil
recojo las migajas que desprende
por los caminos.
Sueño con la idea de su cuerpo
su silueta de pájaro.
Todas las mujeres la habitan
juntas trillan la senda
para el rapto del silencio.

IV. Realidades

Mis defectos de humana son ramilletes múltiples.
Emanan sus pétalos
desprendiendo fallas innumerables.

Algunos días debo ser un cuerpo real.

Hoy
por ejemplo
ocupo un hueco y soy absorbida
por las circunstancias.

De vez en cuando se borran las cosas importantes.

En medio de mi basura personal
mi ave pequeña fallece
rodeada de muros.

Clavo mis ojos en su pálpito
su desaparición recrea
la forma de mi nombre.

Quisiera ocultarme de la verdad
que abrasa su cándida piel.
Pero mi memoria es
sencillamente ingenua
multiplicadamente inútil.

La geografía de mis manos
es una planicie sin futuro.

Frente al computador
el dibujo de la mujer teñida de plumas
se expande.

V

Un grito santo me sacude desde otro nombre.

En el centro de ese sonido renazco
más imponente que la palma.
Percibo la melodía que me alcanza
en el rincón de la pureza (lugar del origen).

Desde mi nombre sacro
entablo conversaciones místicas con los cerros.
La aurora silva en las alas de la paloma
dibuja dos rostros que son otros y yo
conjugados en el pacto de la vida.

Por el camino de mi cuerpo llegaron
no solo palabras.

Acuno el dolor duplicado de ser madre.
Las golpizas menguan
escondidas detrás del parto
que es
el dolor más dulce.

Tantas en la tierra del fuego
persiguen la alquimia para desdoblarse en otros.
Y en mí
disecada habitación de piel
ha sucedido.

Desde mis incapacidades recuerdo
la madre que represento
va cocida de paños rotos.

El camino a mi propia santidad
está igualmente repleto de huesos.

VI

Abrí los ojos enredada en unos brazos.
La soledad me observa y se enardece
colgada de los muros.

Este es la más irreal de las estaciones.
Si hasta aquí llegué
fue por la razón insensata de la añoranza.

Ya se acercan los días en que mis hijos
aprendan a pronunciar la palabra *padre*
y yo
eternamente parida
preveo las lágrimas de la ausencia.

Imagino a un hombre completo
armado con piedras del camino.
Tan perfecto en sus imperfecciones
como yo misma ...

Mas no pretendo perseguir humanos.

Algún día regresará el ser de mi propia estirpe
ese que plantó las semillas
y borro a diario en mis despertares.

Cierro a conciencia la puerta del ansia
asfixio a soledad bajo la almohada.

Pronuncio el nombre de la paloma
para lanzarla a otro cielo.
Su nuevo vuelo surca
el camino de la desmemoria.

VII

Se anuncia la luz de la navaja.

Yo
celda de hombros tristes
capturo el peso de la paloma
en la pérdida de mi amado amigo.

Él murió hacia adentro
hacia un núcleo centelleante.
Hasta allí lo persiguieron sus células y su savia de árbol
para consumirse en un fuego
que es la misma luz.

Cuando se fuga un cuerpo de la tierra
regresa multiplicado y certero
en la memoria.

Mi amigo conocía
la madriguera de la mujer
la oquedad donde nace la bestia.

Sin su compañía
despierto cada día en un mundo distinto
deslumbrada con la irradiación
de mis pies desnudos.

El abrazo de mi amigo era
el distrito de la salvación
lugar ahora extinto
junto a la desaparición
de su cuerpo de ángel.

No sabré si estoy salva por habitar tantas veces
su abrazo.
Si acaso me importa salvarme ya
si deseo continuar la minuciosa construcción
del rencuentro
o gritar
a toda piel
que una paloma asesinada a diario
yace enjaulada en mi resonancia.

VIII. Nocturnidad

Resplandece el campo de la luna
la penumbra sacude su cabellera indomable.
Mi incendio penetra sediento
por el túnel de la noche.

Nadie supera mis ansias de tomarme la vida.

Soy un cuerpo voraz
una mancha de brazos en cruz
por la vereda.

La noche me ahorca con nudos de seda.

Dentro de esta esfera
hueca
sorda
actúo según el instinto que me excluye
de los santos hemisferios.

Mi cuerpo es la prostituta del destino
mis piernas
faros alumbrando el camino
hacia las negras plumas.

Cuando la paloma muere en la sombra
las estrellas se desgajan
como frutas de sangre.

Anulo cualquier dejo de compasión.
Mis armas están cargadas
mis reservas de hembra son metales castos
que no permiten abrir los ojos
por sus chispas.

Ninguna otra mujer cabe
dentro del bolsillo de la noche.

IX

Abordo la desembocadura
de un cubo mullido.
Otro cuerpo yace a mi lado
y sé
que una mano sorprenderá
el territorio de la piel.

Ahora soy el camino de la carne
una esencia parecida a una casa.
Ya se abrirán las puertas
las ventanas
gritará el tejado cuando me encumbre
en el vuelo del orgasmo.

Su lengua me llama
para transitarme completa
legitimando así
la verdad originaria de un cuerpo.

Abro mi ojo central para ver
por el ducto del deseo.
La noche es un frasco de pastillas
lo vierto en la garganta
entonces reconozco:
me he tragado el mundo.

Trenzo las barbas de mi amante
y con mi cuerpo
enredo la trampa rudimentaria
del aliento.

Lamo su presencia
tendida y ajena
al llegar a sus ojos me sorprende
la mirada del ave que olvido.

Quisiera acariciarla
reestablecer su razón de tambor
pero el terreno de la luna reina
mi estructura es aún de vidrio
de mármol
o de lava.
Cuando solo yo ocupo el todo
no hay cabida para rescates.

X

La paloma me hace partir.
Se asoma con su molesta sonrisa
me invita a regresar.

Me empuja a ser quien soy
luego despierta a la mujer dormida
para escudriñar las heridas.

Mi ave irrumpe.

Logró lanzarme al suelo
para ver sangrar mis rodillas.
Ese día derramé un camino caudaloso.
Si alguno pudo leerlo lo supo
detesto este andar múltiple
desde lo más profundo de mis líquidos.

No quisiera pensar en la paloma
en sus consecuencias
en las perforaciones que provoca con su pico.

Sus tres sílabas cruzan
así como despeinan las horas
los torbellinos.

Tres insignificantes sílabas
encargadas
de hacer girar el mundo.

XI

...pájaros que no se posan porque el ruido de posarse
podría despertar algo que duerme...
RAFAEL AMÉRICO HENRÍQUEZ

Si escribo la palabra hombre
una llamarada de luz me ata al Mundo.
De la palabra Rosa
brota
una avalancha de Tierra.

El latido de las palabras me traspasa.

Son pájaros aleteando
en la herencia de la sangre.
Extraño andar de constelaciones
divagando por el cosmos
hasta hacerse dueñas de nuestro eco.

Soy un ente hecho de poesía
la paloma
es un posible poema.

Ella venera esta verdad con delicado pudor.
No quiere ser "sombra de pájaro".
Sostiene su vuelo sin final
por la contundencia de una hoja.
Permanece idea real y escrita
con las manos atiborradas de pasado.

XII

Palabras abren súbitas con el ímpetu de la ola.

Intento despegarlas de mi cuerpo
persuadirlas para abandonar
su impertinente empeño en atraparme.

Estas palabras milenarias
se guían por su sola misión
mirarme fijamente a las manos.

Entonces, esclava y ausente
paso las horas venideras junto a ellas
tallándolas
abonándolas
hasta que vuelan del papel
y en su desbandada
cumplen el cometido de ser la NADA perfecta
libres
dentro del submundo donde el alma mora
enrollada como un feto.

La palabra llanto
me transporta a un litoral de caños propios
dirige mi cuerpo hacia una gota amorfa.

La palabra ala llega a mi boca
abastecida de viento
inunda los ojos con lluvias de plumas.

La palabra paloma abre en la nuca
un ojo negro.
Por él pasaré a diario para vibrar
en su corazón de locomotora.

Busco una nueva palabra
en medio de aquellas gastadas
de tanto chocar con mis dientes.
Deseo capturar su textura
envolverme en su lienzo recién hilado.

Un tiempo atrás desconocí mi nombre.
Pasé días olvidando su conjunción de letras.

Mi nombre
eco de pedazos sólidos
es ante todo una palabra.
Una vibración sonora
con cuchillos moldeados
para las grafías de mis llagas.

Junto a mi nombre soy
una pequeña tormenta
y si hubiese calma sería entonces
el ojo mismo del huracán.

Lanzo todas las palabras al firmamento
de mis encías
las callo
las mastico en el silencio de unas contra otras.
Como una profusa orgía
letras caen
sobre el tumulto intangible de mi ser.

XIII

Reinan los números.
Presiento el conteo final de unas hojas.

Tomo el libro
acaricio su lomo sangrante.
Entre sus líneas soy
la contable de una vida sinsentido.

Hoy soy capaz de calcular
el vuelo exacto de un ave
su diámetro esbozado para encender
el desconsuelo.
Puedo adivinar su joven velocidad
o la magnitud del choque
contra el espejo de la reminiscencia.

Hoy iré a contabilizar sus múltiples nacimientos
o las veces que desfalleció
en una sola jornada.

Emano de un cuento hecho de cifras.
Peces en blanco y negro
se suman y se restan
hasta consumir las partículas de luz.

Quizás los números sean capaces de escribir
el poema perfecto...

La paloma me observa.
Yo
su progenitora
su hija
su asesina
armo cifras para invisibilizar las lágrimas.
Ella sabe que no la olvidaré.
Solo que hoy existo en un submundo
donde los números vencen el murmullo
de una tonta paloma
que no sirve para las matemáticas.

XIV

Un soplo de oro se pasea por mis cuencas.
Lo utilizo como argamasa para labrar
una isla con denominación de pájaro.

Sudo perlas de sal
y de ellas nacen olas propias
tonadas de un ritmo eterno
revolviéndose en mis párpados.

El pestañar de una mujer
dirige la marea.

Soy el final absoluto del territorio
soy el borde forjado
carne y orilla.

Estoy aquí desde el primer estallido de la luz.
Llegué para renacer entre las anémonas
y sostener las burbujas que prometieron sanar
el cielo del alma.

Soy yo el lugar
también soy
su único habitante.

XV

Amanecí sumergida en el mar de todas mis gotas.
Cobijada en una quietud
con forma de nido.

Creo haber llegado al territorio de la esperanza.

Será preciso clavar una a una
las delicadas plumas
para abrigar nuevamente la contextura trémula
de mi ave personal.

En estos amaneceres
me elevo cara a cara con la paloma.

Mi piel es el firmamento
ella se despliega en él
para renacer hacia la muerte.

Fallece a diario para recordarme lo absurdo.

Una simple paloma
es la encargada de criar
a una mujer hecha de tiempo.

Mi ave fénix
podría regresar convertida en águila
si así lo quisiera.

Cortar los cielos con las aristas de sus alas.
Pero prefiere ser un polluelo tenue
y caber en el bosque de mis manos.

Siembra su nido sobre las piedras
rinde homenaje
con sencilla existencia
al círculo de su mirada.

XVI

Desde el epicentro poblado con mi rostro
yo
vasto origen
convoco a todas las mujeres que soy.

Nuestros cuerpos tendidos "vigilan el mundo".
Evaporamos lágrimas
centradas en el nado de nuestros renacuajos
de niñas.

Ofrecemos nuestros vientres
para ser clavados por la primera luz.

Cada noche existe para morir
y cada mañana abre una rosa marina
que nos baña de moraleja.

Yo
hecha de todas
también soy una paloma renacida por elección.

Alguna vez quise regresar
Aída
Emily
Olga
y en la congregación del verso
vomitar palabras elevadas   eternas.

Pero no sería capaz de abandonarme
para ser tan enorme.
Decido permanecer diminuta
o ser
tan amplia como la elemental expansión
de mi figura.

Fuera o dentro de todos los mundos
existe una hembra
amamantada por una paloma
que se balancea sobre el vuelo de una gota.

XVII

La paloma me roza
y santifica mi existencia.

Intuye en su razón de polluelo
cómo se conjugan en un solo cuerpo
los polos del ser.

Ninguna de las dos sabrá
cuál es la protagonista en esta historia
de islas que estallan
como lava de flores.

Ella es el contrapeso del caos
la danza del agua petrificada
en la memoria.

El cese de la vorágine reposa en su arrullo.

Ambas
madres mutuas
nutrimos la locura y languidecemos
en el lomo de lo indecible.

Yo
ser construido con los elementos del planeta
soy el huevo que se quiebra entre las manos.
La envoltura confusa de la mujer conveniente
para cada día.

En la paloma yacen círculos castos
los arroyuelos de todas las estaciones emanan
de su santo pico.

Me miro al espejo
y no sé si la paloma me cubre
o si su imagen salió al vuelo por los espirales.
Penetro
me descubro por los acantilados del cristal
en el afán de perseguirla.
Renazco dentro de mi propia carne
por esta historia infinita
donde una mujer bañada de plumas
perpetúa la búsqueda de la luz.

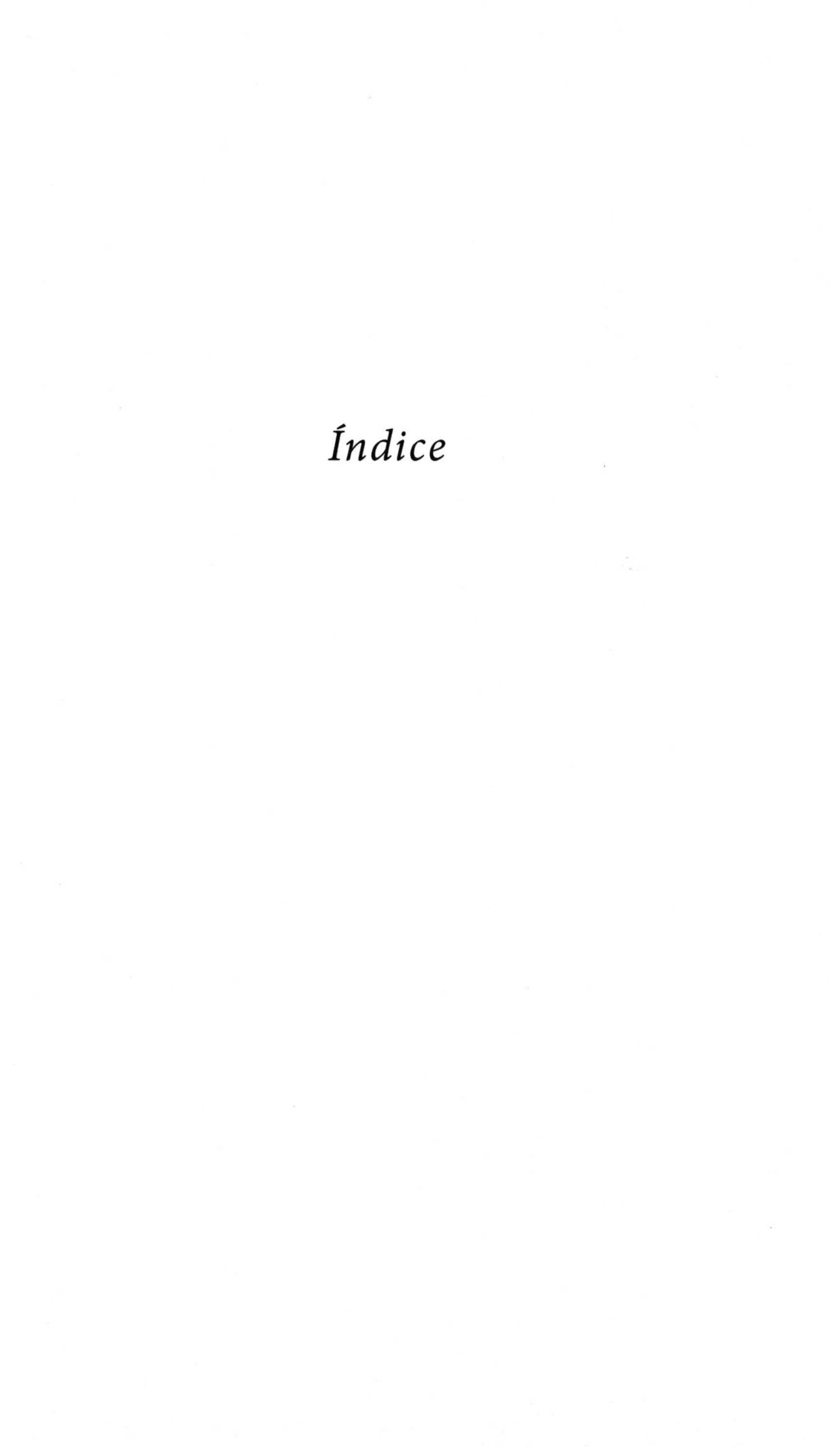

Índice

Esta obra
se acabó de imprimir
bajo los auspicios de
Charo Fierro y
Antonio J. Huerga, editores.

FINIS CORONAT OPUS